Maurice B

La Terre
et les morts

Discours

ISBN : 9782379760280

10 9 8 7 6 5 4 3 2 1

Maurice Barrès

La Terre et les morts

Discours

Table de Matières

LA TERRE ET LES MORTS   7

SECTION I   9

SECTION II   16

SECTION III   23

MONSIEUR ET CHER COMPATRIOTE,

Nous avons l'honneur de vous adresser la troisième Conférence de la Ligue de « la Patrie Française » et de vous demander votre précieux concours pour cette œuvre patriotique.

Veuillez agréer, Monsieur et cher Compatriote, nos biens cordiales salutations.

POUR LE COMITÉ :

Le Secrétaire Général,
Louis DAUSSET.

LA TERRE ET LES MORTS[1]

(Sur quelles réalités fonder la conscience française)

Messieurs.

D'après l'article 3 de vos Statuts, la « Patrie Française » a pour objet :

De maintenir et de fortifier l'amour de la Patrie et le respect de l'armée nationale ;

D'éclairer l'opinion sur les grands intérêts du pays ;

De surveiller et de combattre les ingérences et les propagandes de l'étranger.

Que valons-nous pour tenter cette tâche ?

Vous n'oublierez pas, Messieurs, votre principe qui doit marquer toute votre destinée : nous sommes des gens de toutes classes, convoqués par une élite d'historiens, de savants, d'artistes et de grands lettrés, dans un sentiment d'utilité générale, pour aviser aux nécessités de la Patrie.

Nous n'avons pas un programme commun, mais toute une bonne volonté ardente. Nous ne portons pas une marque officielle ; mais

---

1 Voici les grandes lignes du discours que Maurice Barrès aurait prononcé le vendredi 10 mars 1899 si les événements n'avaient décidé le comité de *La Patrie française* à suspendre ses manifestations.

dans un moment où toutes les autorités fléchissent, nous faisons voir parmi nous les hommes de France les plus capables d'exprimer d'une façon claire et émouvante, avec des cœurs désintéressés, les sentiments nationaux.

D'ici peu, dans chaque rue des grandes villes, dans le plus modeste village, nous aurons un correspondant prédisposé à bien accueillir notre pensée.

Enfin, nous savons que nul de vous ne laissera l'œuvre languir faute de ressources.

La Ligue est un magnifique instrument. Comment pourrons-nous en user pour fortifier la France ?

Il y a des précédents.

En 1806, dans les dures années qui suivirent Iéna et la paix de Tilsitt, la Prusse étant terrassée, ce qu'elle avait de forces s'unit et se posa la question de vie ou de mort : « Par quels moyens pourrions-nous relever l'État ? » Ces moyens, un homme, Stein, les fournit, en s'inspirant de la réalité, c'est-à-dire des précédents historiques prussiens et des circonstances. Mais il n'aurait rien pu faire sans les poètes, sans les littérateurs, sans les critiques, sans les philosophes, sans les éducateurs, qui, sans avoir de visées politiques, exercent une action directe sur l'esprit public. Il fallait d'abord que ces gens-là substituassent dans le cerveau allemand l'idée de Patrie à l'idée d'humanité, et d'une façon plus générale, sans entrer dans les détails, disons qu'ils créèrent un état d'âme social où les nouvelles institutions nécessaires au salut public purent prendre racine.

Eh bien ! Messieurs, dans notre Ligue, ce n'est pas la besogne administrative et gouvernementale d'un Stein que nous pouvons entreprendre, mais il nous appartient de créer l'état d'esprit national sans lequel le meilleur homme d'État demeurera impuissant.

Les conditions où se trouvait la Prusse et celles qui nous commandent aujourd'hui diffèrent absolument, cependant comme la Prusse alors, c'est par la compréhension des causes de notre affaiblissement, que nous devons commencer notre cure.

Vous le savez bien, que cette affaire Dreyfus est le signal tragique d'un état général ! Si une écorchure apparaît et si elle ne se guérit pas, le médecin suppose le diabète. Sous l'accident, il cherche l'état profond. Après cette affaire, si l'on agit point sur le corps du pays, nous verrons d'autres abcès de la même qualité, comme auparavant nous avons subi les scandales Wilson et les scandales de Panama.

Que seraient de telles affaires dans un pays sain ? Des incidents un peu exceptionnels qui recevraient rapidement leur solution normale (très probablement une vigoureuse opération chirurgicale).

Hélas ! la France ignore son état, ses besoins généraux et son but. Ainsi tout est divisé et tiraillé entre des volontés particulières et des imaginations individuelles. Voilà le mal. Nous sommes émiettés. Nous n'avons pas une connaissance commune de notre but, de nos ressources, de notre centre.

Heureuses ces nations où tous les mouvements sont liés, où les efforts des honnêtes gens s'accordent comme si un plan avait été combiné par un cerveau supérieur, où les choses essentielles ne sont pas remises à chaque instant en discussion, où les hommes de valeur, après qu'ils se sont agités de leur mieux dans la collectivité, n'ont pas cette tristesse de sentir qu'ils l'ont ébranlée ou qu'ils ont travaillé dans le vide, mais constatent, avant de mourir, qu'ils ont eu une action directe sur la marche de leur pays et que quelque chose d'eux-mêmes se prolongera dans la conscience nationale !

SECTION I

Il y a bien des manières, Messieurs, pour un groupement d'hommes, de se faire cette unité morale.

La Prusse, en 1806, se trouvait en d'excellentes conditions pour éviter cette perte de forces qui est la conséquence nécessaire d'une absence de direction et de la méconnaissance du but à atteindre. Le loyalisme groupait la nation autour de la reine Louise. Ce qu'approuvait ou haïssait cette belle personne romanesque devenait cher ou odieux à des milliers de braves gens, qui, par là, étaient dispensés d'avoir en propre l'intelligence politique de leurs actes. Le soldat voyait nettement au profit de qui il pouvait se sacrifier ; le simple avait un objet tangible de ses vœux.

Des institutions traditionnelles peuvent, aussi bien qu'une dynastie, fournir un centre et inspirer ces sentiments de vénération nécessaires pour que l'individu accepte de se dévouer. — Mais notre France, il y a un siècle, a brusquement maudit et anéanti sa dynastie et ses institutions.

Certaines races arrivent à prendre conscience d'elles-mêmes organiquement. C'est le cas des collectivités anglo-saxonnes et teutoniques qui, de plus, sont en voie de se créer comme races. — Hélas ! il n'y a point de race française, mais un peuple français, une nation française, c'est à-dire une collectivité de formation politique ; et malheureusement, au regard des collectivités rivales et nécessairement ennemies dans la lutte pour la vie, la nôtre n'est point arrivée à se définir à elle-même.

Nous l'avouons implicitement par ce fait que, suivant les besoins du moment, pour nos publicistes, nos écrivains, nos artistes, nous sommes tantôt Latins, tantôt Gaulois, tantôt « le soldat de l'Église », puis la grande nation, « l'émancipatrice des peuples ».

Ces mots contradictoires, voilà autant de drapeaux sous lesquels des hommes avides d'influence assemblent leur clientèle, ajoutant ainsi à la lutte des principes la compétition des intérêts. Ces groupes constituent proprement des nations dans la nation, car chacun d'eux conçoit à sa manière la loi interne du développement de ce pays.[1]

Un incident surgit-il, au lieu d'être examiné en soi et résolu dans l'intérêt général, il est interprété par chaque parti et d'après la définition spéciale qu'on y donne de la France.

On regarde dans ces petites chapelles la pensée comme le monde réel et véritable ; on passe seulement ensuite au monde sensible. Il semble, qu'à leurs yeux, la France ait cessé d'être de la terre et des hommes pour devenir un théorème, un objet de dialectique destiné à exercer la perspicacité de l'esprit ou le sens de la discussion. Des intérêts, qu'il faudrait examiner comme des cas particuliers et dans les conditions où ils se présentent, sont jugés d'après

---

1 Peut-être faudrait-t-il souhaiter que l'un quelconque de ces partis se fut imposé à la France. En écrasant tous les autres, il eut d'une certaine façon brutale refait l'unité morale. Mais tous ils se sont balancés : nul d'entre eux n'avait la persistance des génies créateurs, et la mode est passée de ces violentes persécutions qui nettoient la place si le plus fort a de l'esprit de suite. Exaspérées par leur faiblesse même, réduites à une existence de cénacle, certaines de ces sectes poussent la fatuité d'esprit jusqu'à l'extravagance. Si elles avaient la charge d'intérêts réels, nécessairement elles s'assagiraient.

des axiomes généraux déduits par des idéologues d'une définition que d'autres idéologues leur contestent ; et l'on s'explique alors la pleine importance de cette affaire Dreyfus : une apparence dressée par des conspirateurs et autour de laquelle des métaphysiciens viennent faire leur orgie.

Ces métaphysiciens, ne nous étonnons pas de leur influence sur les imaginations françaises. Dans cette France sur qui fut accomplie, d'après Renan, à la fin du dix-huitième siècle, l'opération la plus hardie qui ait été pratiquée dans l'histoire, — opération que l'on peut comparer à ce que serait, en physiologie, la tentative de faire vivre en son identité un corps à qui l'on aurait enlevé le cerveau et le cœur, — il est bien explicable que les métaphysiciens d'abord aient été écoutés avec faveur, puisqu'en nous proposant un idéal ils s'engageaient à nous rendre une unité morale.

Mais loin de nous délivrer de nos incertitudes, ils ne firent que les multiplier. Toutes leurs affirmations contradictoires nous amenaient à douter davantage de nos devoirs et de notre méthode de relèvement. Et si l'un d'eux, par son éloquence, par la générosité de ses vues, nous disciplinait un jour, immédiatement il nous donnait pour besogne, d'affaiblir ses contradicteurs, de marquer ce qui sépare les Français plutôt que ce qui les rapproche et par là de troubler encore la nation.

Dans un seul temps, ils se réunirent, ces métaphysiciens ; c'était pour décorer l'estrade des anarchistes, et là, ces hâbleurs se turent quand leurs enfants terribles, les anarchistes de la salle, huaient la patrie et l'armée.

Ce spectacle ne peut être toléré. Seuls, un cœur paresseux et un esprit décidément corrompu par l'anarchie peuvent s'y attarder. Immédiatement en face de l'estrade anarchiste devait surgir cette estrade-ci, toute cette salle, enfin, la « Patrie Française ».

**

Ainsi vous êtes des faiseurs d'unité ; votre préoccupation n'est pas douteuse ; mais par quels moyens comptez-vous unir la nation et dégager cette conscience qui manque au pays ?

Problème de méthode, très important et qu'il importe d'aborder en face avec la connaissance que nous venons d'esquisser de notre origine et de l'état des choses.

Je n'énumèrerai pas, Messieurs, les actes que notre nature même interdit à notre Ligue ; mais je m'assure que je suis votre interprète, si je marque fortement que votre devoir, c'est de créer un état d'esprit.

Nous ne sommes pas groupés et nous ne sommes pas armés pour désigner les chefs de l'État ; mais nous pouvons disposer l'opinion à préférer les hommes d'une certaine sorte, et, du même coup, par un effet bien remarquable, nous inclinerons les professionnels de la politique à se conformer au modèle que nous proposerons.

Nous ne comptons pas dicter des mesures au gouvernement, mais vous vous souvenez que pour faire voter la loi de dessaisissement, on a pris sur nous un point d'appui solide.

Dans cette mesure et à titre consultatif, nous collaborerons avec le pouvoir légal, car une ligue d'hommes désintéressés peut redresser les conseils d'un Parlement soumis à des influences pressantes. Toutefois de telles occasions sont exceptionnelles ; c'est en vous élevant au-dessus des choses d'une heure que vous durerez, Messieurs.

Au milieu des passions, vous voudrez instituer la raison ; vous dégagerez et vous épurerez dans les âmes, pour qu'elle y soit plus forte encore, la sagesse française héritée de nos ancêtres et vainement attaquée par les éléments étrangers. Vous tâcherez d'être dans la nation le cerveau qui relie des forces dissociées.

Il ne m'appartient pas, Messieurs, de devancer les étapes de nos travaux. J'entrevois la méthode ; je n'ai pas l'autorité de proposer la doctrine. Permettez-moi pourtant de vous soumettre quelques observations recueillies on quelque sorte sur vous-mêmes, quand je vous voyais réagir individuellement contre l'anarchie dont souffre l'esprit français.

D'abord, à la « Patrie Française », vous êtes las des systèmes philosophiques et des partis politiques qu'ils engendrent, vous répugnez à fonder plus longtemps le patriotisme sur des images vides, bonnes pour exercer les facultés oratoires et la logique déductive.

Vous voulez rattacher vos efforts à une réalité.

Vous êtes des hommes de bonne volonté, et, quelles que soient les opinions que vous ont faites votre famille, votre éducation, votre milieu et tant de petites circonstances privées, vous êtes décidés à prendre votre point de départ sur ce qui est et non pas sur votre idéal de tête.

Tel d'entre nous peut bien trouver que la Révolution nous a déviés de nos voies les plus aisées et les plus heureuses ; tel autre peut regretter que le Premier Consul ait, par le Concordat, replacé la France sous l'influence de Rome ; un troisième s'assure que les destinées de notre pays sont étroitement liées à celles du catholicisme. (Nous avons, en général, l'érudition mélancolique.) Mais ne sentez-vous pas quelque puérilité à vous enfoncer, fût-ce avec d'éminents philosophes, dans les voies hypothétiques où la France aurait dû passer ? Vous trouverez un profit plus certain à refaire le chemin qu'elle a réellement parcouru ; il ne fut pas toujours parfait : il nous égarera moins que ne font les métaphysiciens. Du moins, notre erreur sera l'erreur de la France, et nous nous dépraverons moins en suivant ses errements qu'on nous livrant à leurs divagations.

Soumettons, Messieurs, notre jugement propre aux conditions de la réalité sur laquelle nous voulons agir. L'assertion qu'une chose est bonne et vraie a toujours besoin d'être précisée par une réponse à cette question : par rapport à quoi cette chose est-elle bonne ou vraie ? Autrement, c'est comme si l'on n'avait rien dit. Entre toutes ces théories militantes, entre toutes ces évolutions brusquement contradictoires de notre pays depuis un siècle, quelle angoisse morale s'il faut que notre préférence propre décide ! La France consulaire, la France monarchique, la France de 1830, la France de 1848, la France de l'Empire autoritaire, la France de l'Empire libéral, toutes ces Frances enfin qui, avec une si prodigieuse mobilité, vont à des excès contradictoires, procèdent du même fonds et tendent au même but ; elles sont le développement du même germe et sur un même arbre les fruits des diverses saisons.

Arbre chargé d'imprévu, je l'avoue, l'histoire de la France au xixe siècle ! Sans doute il vaudrait mieux ne pas se développer dans des incertitudes et par des oscillations, comme c'est notre loi depuis un siècle. On fait à ce jeu de bascule une regrettable consommation d'énergie, et puis c'est un peu démoralisant d'admettre que nous nous sommes si souvent trompés. Pourtant, ne nous étonnons point des difficultés que rencontre notre démocratie à s'organiser : dans les siècles précédents et quand il s'agissait de la formation de la France, le bien se fit à travers des contradictions plus cruelles encore.

Je suis Lorrain, Messieurs ; depuis un siècle seulement mon petit pays est français. Parlons franchement comme des historiens. Nous ne sommes pas entrés dans la patrie française parce que c'était notre goût ; en vérité nous y sommes venus parce que nous étions piétinés tantôt par la France, tantôt par l'Allemagne, parce que nos ducs, n'ayant pas su nous organiser, manquaient à nous défendre, et qu'après les atrocités dont nous avaient accablés les Français, il nous fallait de l'ordre et de la paix.

Vous imagineriez difficilement, Messieurs, une pire histoire que celle de la Lorraine, disputée entre la France et l'Allemagne dès le Xe siècle et que ces deux grands pays ne laissent pas vivre de sa vie organique. Nous avions une bonne maison souveraine, nos coutumes, des institutions, tout ce qu'il faut pour conquérir une place dans l'histoire ou, plus humblement, pour s'assurer de l'ordre, de la sécurité et pour créer une nationalité. Malheureusement, notre maison ducale était inférieure en intelligence politique aux Capétiens. Nos ducs nous défendirent mal, puis nous abandonnèrent.

Nous avons accueilli avec enthousiasme, peu après notre réunion à la France, les préludes de la Révolution. De 1786 à 1789, notre petite nation, mal renseignée espéra un gouvernement indigène par une assemblée provinciale. Au XVIIe siècle, environ les trois quarts d'une population totale de quatre cent mille habitants étaient morts dans les horreurs de l'occupation française, et cela avait été une condition extrêmement favorable pour la substitution de l'idéal français au lorrain sur notre territoire repeuplé avec des paysans de France ; mais l'union décisive se fit grâce aux avantages matériels procurés aux paysans et aux bourgeois par la grande Révolution et ensuite grâce à la fraternité de combat et de gloire scellée dans les guerres républicaines et impériales. En 1814, Blücher fit appel aux idées séparatistes. Il dit à la municipalité de

Nancy : « Puissé-je ramener pour vous le bon vieux temps dont jouirent vos ancêtres sous le gouvernement doux et paternel de vos anciens ducs ! » On ne le comprenait plus.

En un mot, — et voici ce que veut démontrer cet exemple, — nous, Lorrains, nous ne sommes pas Français, parce que la France est la fille « aînée de l'Église » ni parce qu'elle a fourni au monde la « Déclaration des Droits de l'Homme », nous n'avons pas adhéré à la Patrie comme à un esprit, comme à un ensemble de principes. En fait, nous sommes venus à la France parce que nous avions besoin d'ordre et de paix et que nous ne pouvions en trouver ailleurs. Notre patriotisme n'a rien d'idéaliste, de philosophique ; nos pères étaient fort réalistes. Et pourtant il est bien exact que nous tendions vers la France plutôt que vers l'Allemagne, parce que celle-là est une nation catholique, et c'est encore vrai que les conquêtes civiles de la Révolution et les gloires militaires de l'Empire ont gagné le cœur de notre population. Ainsi, notre patriotisme est fait de tous les éléments que les dialecticiens s'efforcent de maintenir séparés et en opposition.

Ce bref tableau des aventures qui associèrent la Lorraine à la fortune de la France prouve que sur la route de l'histoire on trouve toujours la conciliation. La logique, les *distingo* des raisonneurs perpétueraient des difficultés que la force des choses se charge d'anéantir. Les gens à systèmes sont puérils et malsains ; ils s'obstinent à maudire ce qui ne plaît pas à leur imagination. Nulle conception de la France ne peut prévaloir, dans nos décisions, contre la France de chair et d'os.

Si la « Patrie Française » parvenait à donner à ses adhérents ce sens du réel et du relatif, si elle pouvait convaincre les professeurs si honnêtes, si zélés (et qui parfois nous firent tant de mal ![1]) de ju-

---

1 Quelqu'un d'autorisé m'écrit : « Vous avez raison de dire que depuis 1870, c'est l'enseignement de l'Histoire par les universitaires qui diffuse et perpétue cet idéologisme. Ils remplacent le fait par l'idée, mais par une idée qui n'est pas sortie du fait, qui n'en est pas la représentation, mais la contrefaçon à côté. Car j'aime trop les idées, — j'entends celles qui sont nées des faits, — je crois trop qu'elles sont nos éducatrices et nos directrices pour ne pas revendiquer en leur faveur la suprématie : 1° contre les faits purs et simples des érudits qui ne sont que de misérables concepts mémoriaux ; 2° contre les idées artificielles des intellectuels qui font de l'algèbre imprudente et dissolvante avec de la chair et du sang, c'est-à-dire, en

ger les choses en historiens plutôt qu'en métaphysiciens, elle transformerait le détestable esprit politique de notre nation, elle nous restituerait une unité morale, elle nous créerait enfin ce qui nous manque depuis un siècle : une conscience nationale.

SECTION II

Certes, Messieurs, une telle connaissance de la Patrie, issue de la sévère simplicité d'une vue historique, ne peut être élaborée que par une minorité, mais il faut qu'ensuite tous la reconnaissent et la suivent.

À ce résultat général comment parvenir ?

En développant des façons de sentir qui naturellement existent dans ce pays.

On ne fait pas l'union sur des idées, tant qu'elles demeurent des raisonnements ; il faut qu'elles soient doublées de leur force sentimentale. À la racine de tout, il y a un état de sensibilité. On s'efforcerait vainement d'établir la vérité par la raison seule, puisque l'intelligence peut toujours trouver un nouveau motif de remettre les choses en question.

Pour créer une conscience nationale, nous devrons associer à ce souverain intellectualisme dont les historiens nous donnent la méthode un élément plus inconscient et moins volontaire.

Pour moi, Messieurs, dévoyé par ma culture universitaire, qui ne parlait que de l'Homme et de l'Humanité, il me semble que je me serais avec tant d'autres agité dans l'anarchie, si certains sentiments de vénération n'avaient averti et fixé mon cœur.

Un jour, j'étais à Metz ; les Prussiens, qui ont transformé <u>Strasbourg, n'ont jusqu'à cette heure rien changé à l'antique cité</u>

somme, avec la vitalité française… Ces gens-là me semblent commettre l'erreur, la faute et généralement le crime de constituer les lois physiologiques et internationales de la patrie française avec des réussites de mathématiques, ou des tours de force d'abstraction métaphysicienne… Vous avez bien fait de le leur dire. Mais il y a un autre mal plus grand encore, c'est le mal protestant. C'est « Le Temps » qui en diffuse les microbes depuis vingt-cinq ans avec une méthode obstinée, un calcul quotidien, qui a répandu le ravage aussi largement et profondément que vous le voyez. C'est ce mal qui est la cause du mal universitaire. Celui-ci n'est qu'un effet du premier, l'université étant aujourd'hui la chose et la proie du protestantisme militant.

lorraine. Une fois franchis les travaux immenses qui l'enserrent, elle apparaît dans sa servitude, identique à son passé. Par là d'autant plus émouvante, esclave qui garde les traits et l'allure de la femme libre ! Les visages prussiens, les uniformes, les inscriptions officielles, tout nous signifie trop clairement dans cette atmosphère messine que nous sommes des vaincus, Je visitai au cimetière de Chambière le monument élevé à la mémoire de sept mille deux cents soldats français morts aux ambulances de 1870. C'est au milieu des tombes militaires allemandes une haute pyramide. Une inscription terrible lui donne un sens complet : « Malheur à toi ! fallait-il naître pour voir la ruine de mon peuple, la ruine de la cité et pour demeurer au milieu d'elle, pendant qu'elle est livrée aux mains de l'ennemi ; — malheur à moi ! »

Cette plainte et cette imprécation, le passant français l'accepte dans tous ses termes et l'ayant méditée, se tourne vers la France pour lui jeter : « Malheur à toi ! génération qui n'as pas su garder la gloire ni le territoire ! »

Mais ne faut-il pas que tous, humblement, nous acceptions une solidarité dans la faute commise, puisqu'après tant d'années écoulées et quand les enfants sont devenus des hommes, rien n'a été tenté pour la délivrance de Metz et de Strasbourg que nos pères ont abandonnés ?

Sous ces pierres, dans cette terre de captivité, sont entassés des cadavres de jeunes gens de 21 à 25 ans, de qui la vie n'aura pas eu de sens si on se refuse à le chercher dans la notion de patrie. Aujourd'hui encore, ils seraient pleins de vigueur. Leur mort fut impuissante à couvrir le territoire, mais elle permet à la nation de se reporter sans une honte complète à cette année funeste. C'est une fin suffisante du sacrifice qu'ils consentirent en hâtant la disparition inéluctable de leur chétive personnalité. Les trompettes et les tambours prussiens, qui, sans trêve, d'un champ de manœuvres voisin, viennent retentir sur les tombes de Chambière, ne nous détourneront pas d'épeler avec tendresse les noms inscrits sur ces tombes, des noms fraternels.

Dans le même cimetière se trouve la pierre commémorative, qu'eux aussi, les Allemands consacrent à leurs morts. Elle jette ce cri insultant : « Dieu était avec nous ! »

Offense qui tend à annuler le sacrifice des jeunes vaincus auxquels les femmes de Metz ont fermé les yeux.

Il ne dépend pas du grand état-major allemand de décider sans appel que nos soldats luttaient contre Dieu. En vérité, la France a contribué pour une part trop importante à constituer la civilisation, elle rend trop de services à la haute conception du monde, à l'élargissement et à la précision de l'idéal, — dans un autre langage, à l'idée de Dieu, — pour que tout esprit libre ne tienne pas comme une basse imagination de caporal de se représenter que Dieu — c'est-à-dire la direction imposée aux mouvements de l'humanité — serait intéressé à l'amoindrissement de la nation qui a fait les Croisades dans un sentiment d'émancipation et de fraternité, qui a proclamé par la Révolution le droit des peuples à disposer d'eux-mêmes !

Mais voilà bien la prétention de toute l'Allemagne, du plus mécanique de ses soldats jusqu'au plus réfléchi de ses professeurs ! Ce n'est point au hasard, mais par le développement d'une pensée nationale qu'ils inscrivent Dieu comme leur allié à deux pas de l'ossuaire de nos compatriotes, les mettant, s'ils sont chrétiens, hors du paradis des enfants de Jésus, s'ils sont athées, hors des affirmations de beauté et de bonté entrevues par l'humanité, rejetant nos armées dans je ne sais quel brigandage et proscrivant la pensée française comme nuisible.

Dans cet étroit espace, les corps entassés de Français et d'Allemands ont bien pu faire cette vigoureuse végétation, cette trentaine d'arbres élancés vers les cieux ; l'Allemagne, consciente d'elle-même, ne veut pas que dans le sein de Dieu, « dans le concert de l'Humanité », le génie français et le génie allemand collaborent. Elle nous excommunie, elle prêche l'anéantissement de notre langue, de notre pensée. C'est une guerre sacrée.

Sur le territoire de Metz et de Strasbourg, l'Allemagne, plus cruelle que les peuples orientaux qui coupent les oliviers et comblent les puits, tend à réaliser son rêve de destruction.

Elle supprime la pensée française dans le cerveau des petit enfants ; elle ensevelit sous des mots et des idées d'Allemagne, comme une source vive sous des fascines, une sensibilité qui depuis des siècles alimentait cette race et que ces enfants avaient reçue de leurs pères.

Eh bien, Messieurs, ce n'est pas en jetant de la terre sur des cadavres, une formule insolente sur des siècles d'histoire et un vocabulaire sur des consciences, qu'on annule des consciences, des précédents et des cadavres. À Chambière, devant un sable mêlé de nos morts, par un mouvement invincible de vénération, notre cœur convainc notre raison des grandes destinées de la France et nous impose à tous l'unité morale.

Cette voix des ancêtres, cette leçon de la terre que Metz sait si bien nous faire entendre, rien ne vaut davantage pour former la conscience d'un peuple.[1] La terre nous donne une discipline, et nous sommes les prolongements des ancêtres. Voilà sur quelle réalité nous devons nous fonder.

Que serait donc un homme à ses propres yeux, s'il ne représentait que soi-même ? Quand chacun de nous tourne la tête sur son épaule, il voit une suite indéfinie de mystères, dont les âges les plus récents s'appellent la France. Nous sommes le produit d'une collectivité qui parle en nous. Que l'influence des ancêtres soit permanente, et les fils seront énergiques et droits, la nation une.

Trop souvent, la clameur bruyante des partis étouffe cette expérience d'outre-tombe que nous transmet notre sol. Si la « Patrie Française » voulait disposer les esprits à entendre ces voix lointaines, si elle préparait quelques mesures propres à faciliter ce grave enseignement national *par la terre et par les mort*, quel service elle rendrait à notre connaissance de nous-même ! Elle raffermirait nos destinées.

∗∗∗

Les morts, d'abord ! On les aime en France et non seulement les héros représentatifs, les phares de la Patrie, mais les anonymes, les obscurs.

C'est à Paris que s'est établi l'usage de se découvrir devant un cercueil. Les communards exilés l'ont importé à Bruxelles, à Genève.

---

1 Ces vues sur la *force de l'enseignement national* qu'un Français peut trouver aujourd'hui sur les tombes de la terre lorraine annexée à l'Allemagne, — comme plus haut (page 13) les vues sur les conditions de l'annexion de la Lorraine à la France et sur *la réalité* des raisons qui l'ont amenée et *imposée* — sont extraites par le conférencier d'un livre en préparation : *l'Appel au Soldat* et d'un chapitre intitulé : *À la recherche des racines nationales*.

M. Louis Ménard a écrit sur ce culte des morts une des pages les plus émouvantes de la haute littérature contemporaine :

« Si vous voulez savoir comment une religion commence, ce n'est pas les philosophes qu'il faut interroger ; regardez dans la profondeur des couches sociales, vous y verrez les deux mots qui sont gravés sur la grosse cloche de Notre-Dame : *Defunctos ploro.* Une famille est réunie pour l'anniversaire d'un grand deuil. La place du père est vide à la table commune. « Il est toujours au milieu de nous, dit la mère. Il veille sur ceux qu'il protégeait et qui sont réunis en son nom. Qu'il maintienne entre nous tous la paix et la concorde ; prions-le de nous aider à supporter les épreuves de la vie et d'écarter celles qui seraient au-dessus de nos forces. Qu'il nous éclaire et nous conduise toujours dans le droit chemin, qui mène vers lui. » Si, parmi les fils, il en est qui ne soient pas portés à croire à l'existence personnelle des morts, vont-ils combattre cette croyance, qui est pour leur mère veuve un espoir de réunion ? Non, car il n'y a pas plus de raison scientifique pour nier que pour affirmer. Ils traduiront la prière dans une autre langue : « Ce que nous pleurons, ce n'est pas un corps rendu à la terre, c'est une affection qui nous enveloppait, une conscience qui nous dirigeait. Ce qui était lui, c'étaient ses conseils, ses bienfaits, ses exemples : tout cela est vivant dans notre souvenir. Que sa pensée nous soit toujours présente dans les luttes de la vie. Il y a des heures où l'ombre est bien épaisse : que ferait-il à notre place ? que nous dirait-il de faire ? C'est là qu'est le devoir, par cela que nous pensons à lui, sa force bienfaisante s'étend sur nous comme pendant sa vie : c'est ainsi que les morts tendent les mains aux vivants. »

Rendons hommage, Messieurs, à ces fortes pensées d'un philosophe, et munis d'une telle autorité, qui nous émeut si nous savons la méditer, ne craignons pas de poursuivre.

Voici sur notre sol de France une autre famille rassemblée. En deuil, elle aussi. La mère, les fils vont voir un profil étranger. Son mari, leur père, était allemand, anglais, italien. La pensée qui animait ce mort est toujours vivante dans leur conscience. Je ne leur demanderai pas de conseil ; parfois, je les écouterai avec intérêt, car dans leurs âmes, pour moi tant de choses sont nouvelles, surprenantes ; et toujours je leur marquerai de l'estime, car ils appartiennent à de grandes nations ; mais plus ils me parleront avec sincérité, en honnêtes gens, plus je devrai me méfier, car la vérité allemande et l'anglaise ne sont point la vérité française, et peuvent nous empoisonner. En vain, cet étranger, quand il se fit naturaliser, jura-t-il de penser et de vivre en Français ; en vain a-t-il lié ses intérêts aux nôtres, le sang s'obstine à suivre l'ordre de la nature contre les serments, contre les lois. Il est notre hôte, ce fils d'outre-Rhin, d'outre-mer, nous lui devons la sécurité et toutes les sympathies généreuses. Nous ne lui devons pas une place dans les pouvoirs du pays. Laissons-le d'abord prendre notre température et par des racines qui naîtront, se nourrir de notre terre et de nos morts. Les petits-fils, eux, seront des Français autrement que par une fiction légale. Il faut commencer par ne pas imposer à des étrangers de trop lourdes responsabilités pour ne pas être amené à leur infliger de trop durs châtiments. Des Français trop récents ont, dans ces dernières années, beaucoup troublé la conscience nationale. On épurerait celle-ci par une loi prudente sur les naturalisations.

***

Le terroir nous parle et collabore à notre conscience nationale, aussi bien que les morts. C'est même lui qui donne à leur action sa pleine efficacité. Les ancêtres ne nous transmettent intégralement l'héritage accumulé de leurs âmes que par la permanence de l'action terrienne.

Dans cette assemblée où chacun se fait une idée si nette de la patrie, je ne viendrai pas aviver votre sentiment pour le lieu de France où vous êtes né, où peut-être repose la dalle funèbre de vos parents. Pourquoi troubler vos âmes ? Je m'adresse à votre raison, et spécialement à votre raison politique.

C'est en maintenant sous vos yeux les ressources du sol de France, les efforts qu'il réclame, les services qu'il rend, les conditions enfin dans lesquelles s'est développée notre race, forestière, agricole et vigneronne, que vous comprendrez comme des réalités, et non comme des mots, nos traditions nationales, et qu'en même temps vous apprécierez les forces nouvelles qui ont grandi sur notre sol. Pour distinguer ce qu'il y a de nécessaire et partant de légitime dans les aspirations modernes, par exemple chez ceux qui réclament une législation du travail, il est bon que vous voyiez en quoi les conditions d'une France démocratique et industrielle diffèrent des conditions de la France monarchique.

Pour être féconde d'ailleurs, cette connaissance n'a pas besoin d'être réfléchie. Il participe naturellement de la conscience nationale, il est nécessairement d'accord avec les destinées du pays, alors même qu'il ne saurait pas les formuler, celui qui, plongé par son hérédité dans un milieu, en suit insensiblement les évolutions. L'administrateur et le législateur peuvent s'inspirer dans toutes leurs mesures de ce grand principe : la patrie est plus forte dans l'âme d'un enraciné que dans celle d'un déraciné.

Est-ce à dire que nous voulions nous mettre en travers d'une évolution générale et, par je ne sais quelle discipline évidemment impuissante, attacher l'individu à son clocher comme l'animal à son pieu ?

Indigne supposition. Si les attaches qui retiennent un individu à son lieu de naissance doivent être rompues, je ne m'en plains pas, pourvu que, dans le lieu où il ira se fixer, il puisse prendre des attaches locales. Si les vieux préjugés héréditaires de caste ou de paroisse qui faisaient une raison aux petits groupes doivent être dissipés, je m'en féliciterai, à condition qu'un néant moral ne leur succède pas et que le petit génie local demeure dans la région pour animer d'une nuance d'âme particulière la science internationale.

Bref, pour enraciner les Français, nous souhaitons simplement que les gens de province ne soient pas obligés d'intriguer uniquement à Paris et d'y expédier leurs projets, leurs désirs, leurs vœux, mais qu'ils aient par région des points de centralisation. Nous demandons, en outre, qu'ils puissent s'administrer eux-mêmes, de façon à respecter les particularités locales.

Les volontés qui guidaient les divers petits pays de France s'étant trouvées inférieures à celle qui dirigeait l'Île-de-France, l'unité politique s'est faite. Chacun y trouve aujourd'hui son intérêt. Nul Français n'entend toucher à l'État. Mais cet État, qui souffre de ne pouvoir s'appuyer sur une conscience nationale, serait insensé de négliger ce que chacun de ces petits pays a conservé de connaissance de soi-même. Ces provinces, de qui les gens superficiels croient le génie éteint, fournissent encore les grandes lumières intérieures qui échauffent et qui animent la France. Nous avons vu le reflet des Ardennes sur Taine, le reflet de la Bretagne sur Renan, le reflet de la Provence sur Mistral, le reflet de notre

Alsace-Lorraine sur Erckmann-Chatrian. Des universités auto-
nomes nous permettraient de recueillir ce qui subsiste du spirituel
de ces anciens pays et en même temps leur apporterait la culture
universelle. Mouvement circulaire d'une grande importance ! Il
nous développerait d'accord avec notre préparation héréditaire et
terrienne, et cependant il combattrait l'engourdissement départe-
mental.[1]

Les moyens que je propose à votre méditation ne sont pas des
combinaisons *à priori* en faveur desquelles vous ayez à devancer
les faits accomplis : un état d'esprit existe pour réclamer des lois
plus sévères sur la naturalisation ; il y a des grandes villes riches,
ambitieuses, désignées pour devenir des points de centralisation
et pour reporter au milieu des territoires et aux mains des citoyens
ces menus soucis qui distraient l'État de veiller à son principal em-
ploi, c'est-à-dire à notre sécurité collective.

Ces deux réformes sont prêtes ; un coup léger suffirait à détermi-
ner la précipitation chimique.

SECTION III

Nous venons de mettre sous vos yeux une loi importante de la
production humaine : pour permettre à la conscience d'un pays
tel que la France de se dégager, il faut raciner les individus dans la
terre et dans les morts.

Cette conception paraîtra fort matérielle à des personnes qui

1 Est-ce la place de répondre à des contradicteurs suspects qui s'étonnent et
raillent si l'on n'habite pas d'un bout à l'autre de l'année « ces petits pays » qu'on
défend ? Quelle plate interprétation du problème ! par décentralisation, nous en-
tendons l'ensemble des mesures propres à nous fournir les conditions pour que
nous puissions nous maintenir en étroite communion de pensée ou de sentiment
avec notre milieu de naissance ou du moins d'adoption. Or, quand vous habite-
riez aujourd'hui l'Auvergne, la Provence, la Lorraine, seriez-vous décentralisés ?
Allons donc ! c'est avec Paris que vous auriez directement à faire. Il faut d'abord
reconquérir des droits pour les provinciaux. — Si nous voulons la décentralisation, c'est pour former des hommes, pour que les hommes partent de la réalité et
non pas d'idées artificielles, d'idées en l'air. Rattachons les idées au sol, fondons
la politique française sur l'histoire de France et pour arriver à bien vivre sur un
point du territoire, propageons une vue exacte de la nation. Voilà comment on
peut défendre utilement, à cette heure, les petits pays.

croient avoir atteint à un idéal d'autant plus élevé qu'elles ont mieux étouffé en elles la voix du sang et l'instinct du terroir. Elles préfèrent se rallier à des formules, vides le plus souvent et qui, fussent-elles pleines d'intentions excellentes, seraient, comme toutes les formules, incapables d'agir sur nos sentiments et sur notre conduite.

Sans doute, certains grands mots eurent de la force politique ; dans la période révolutionnaire, il y a un siècle, ils ont soutenu des efforts, des aspirations — très réalistes. Ainsi s'explique le caractère sacré qu'ils gardent aux yeux d'une France créée dans ces grandes convulsions. Tout naturellement ils viennent sur les lèvres d'un Français embarrassé. Par là, il arrive qu'on les emploie souvent pour se dispenser de rien dire de précis.

Le respectable M. Duclaux fut invité, dans une des réunions anarchistes qu'il décorait de sa présence, à prononcer quelques mots. Il déclara : « Je me conforme à Liberté, Égalité (et perdant la suite), enfin, à tout ce qui est écrit sur les monuments. »

Il est inadmissible qu'on puisse maintenir une nationalité sans autre lien que des affirmations aussi vagues.

Avouons-le, il y a plus d'élévation dans la direction systématique donnée par l'empereur d'Allemagne à son pays vers le commerce que, dans les beaux principes, rabâchés perpétuellement dans nos assemblées politiques et qui, bien qu'ils aient été produits originairement par un élan vers l'idéal, se mêlent aux combinaisons de la plus grossière intrigue.

On peut employer son temps et sa verve à flétrir la dureté de Chamberlain, son mépris des philosophies et des considérations sentimentales ; mais cet homme mène à bien des questions anglaises. Or, nous sommes las en France d'hommes politiques familiers avec les plus nobles devoirs, au point qu'il faut aller les chercher à la présidence des « Sociétés d'encouragement au Bien », quand il y a lieu de les mener à Mazas.

Maintenant, pour que cette conscience nationale ait son efficacité, ne faudrait-il pas qu'elle se traduisît dans une autorité.

Elle apparaîtra nécessairement, cette autorité, dès que notre pays connaîtra ce qu'il est et en conséquence distinguera un peu son avenir. Si nous étions d'accord pour apprécier nos forces, notre énergie accrue prendrait tout naturellement une direction et, sans secousse, un organe de la volonté nationale se créerait.

La « Patrie Française » agit très sagement en s'abstenant de poursuivre directement un but politique. Modifier la Constitution ? Instituer dans la République un pouvoir exécutif plus fort ? Notre principe et notre recrutement ne nous le permettent guère. Enfermons notre action politique dans les limites du paragraphe II de l'article 3 de nos statuts et bornons-nous, en conséquence, à « éclairer l'opinion sur les grands intérêts du pays ». Voilà la plus utile besogne, puisque les meilleures institutions n'auront d'efficace et de durée que si elles peuvent se raciner dans un état d'esprit politique transformé.

L'existence même de votre Ligue vaut comme un signe de cette aptitude du pays à se transformer. Que 60,000 citoyens se soient groupés pour offrir au président du Conseil un point d'appui moral, quand il fallait obtenir la loi de dessaisissement, c'est une grande chose ! Et, par là, dussions-nous disparaître demain, nous n'aurons point passé inutiles. Enfin j'imagine, Messieurs, que notre disparition injustifiée poserait avec force la question du honteux régime discrétionnaire auquel sont soumises les associations.

Si nous pouvions obtenir comme suite à ce scandale d'arbitraire légal qu'une législation nouvelle abolisse ou atténue les articles 241 et suivants du Code pénal, aggravés par la loi du 10 avril 1834 et que l'association devienne non plus une concession précaire, la jouissance d'une tolérance, mais l'exercice d'un droit, ce serait de notre vie un assez digne prix.

Ainsi nous aurions *in extremis* des raisons de nous réjouir. Notre mort ne pourrait être que superficielle. Quand nous serions privés du titre social de « Patrie Française », un esprit commun nous animerait encore. Nous avons commencé à le formuler : il est né de cette conviction féconde qu'une patrie est fondée sur les morts et sur la terre, que les précédents historiques et les conditions géographiques sont les deux réalités qui règlent la conscience nationale,

Ce sont les ennemis de l'extérieur qui, à l'origine, unifièrent la France. L'excellente, la surprenante aventure, si les Français voulaient se serrer dans une unité plus consciente qu'elle ne fût jamais, à l'occasion de l'Affaire Innommable et devant les audaces des étrangers de l'intérieur !

SECTION III